DÓNDE VIVEN LOS ANIMALES

Por qué algunos animales tienen caparazón

Valerie J. Weber

Consultora de lectura:
Susan Nations, M.Ed., *autora/tutora de lectoescritura/consultora de desarrollo de lectoescritura*

Consultora de ciencias y contenido curricular:
Debra Voege, M.A., *maestra de recursos curriculares de ciencias*

Gareth Stevens
PUBLISHING

Please visit our website, www.garethstevens.com.
For a free color catalog of all our high-quality books,
call toll free 1-800-542-2595 or fax 1-877-542-2596.

Library of Congress Cataloging-in-Publication Data available upon request from publisher.

ISBN-10: 0-8368-8811-1 ISBN-13: 978-0-8368-8811-9 (lib. bdg.)
ISBN-10: 0-8368-8818-9 ISBN-13: 978-0-8368-8818-8 (softcover)

This edition first published in 2008 by
Gareth Stevens Publishing
111 East 14th Street, Suite 349
New York, NY 10003

Senior Managing Editor: Lisa M. Guidone
Senior Editor: Barbara Bakowski
Creative Director: Lisa Donovan
Senior Designer: Keith Plechaty
Production Designer: Amy Ray, *Studio Montage*
Photo Researcher: Diane Laska-Swanke
Spanish Translators: Tatiana Acosta and Guillermo Gutiérrez

Photo Credits: Cover seasoning_17/Shutterstock.com; pp. 1, 3, 4, 6 © Photodisc; p. 5 V.Gordeev/Shutterstock.com; p. 7 Matthew Corrigan/Alamy Stock Photo; p. 8 The Natural History Museum/Alamy Stock Photo; p. 9 Jason Schronce/Shutterstock.com; p. 10 Kari K/Shutterstock.com; p. 11 Jan Hejda/Shutterstock.com; p. 12 Mark Conlin/VWPics/AP Images; 13 Agami Photo Agency/Shutterstock.com; p. 14 Scubazoo/Alamy Stock Photo; p. 15 Clipart.com; p. 17 Rapax/Shutterstock.com; p. 18 Shi Yali/Shutterstock.com; p. 20 Chris Moody/Shutterstock.com; p. 21 Pavel Korotkov/Shutterstock.com

Printed in the United States of America

1 2 3 4 5 6 7 8 9 10 09 08 07

Contenido

Las palabras del glosario se imprimen en letra negrita la primera vez que aparecen en el texto.

Capítulo 1

Con la casa a cuestas

Como sabes, los seres humanos se hacen sus propias viviendas. Pero, ¿pueden llevarlas a cualquier parte?

¡Hay animales que sí pueden hacerlo! Tienen caparazones. Hay animales que desarrollan sus propios caparazones. Algunos buscan el caparazón de otro animal para vivir dentro.

El caparazón resguarda al animal del mal tiempo y lo protege de los **depredadores**. Para los demás animales es difícil romper un duro caparazón.

¿Conoces algún animal que tenga caparazón? Es posible que hayas visto tortugas, cangrejos y **moluscos**. Entre los moluscos se incluyen las almejas, los caracoles y los mejillones.

Un duro caparazón protege el blando cuerpo de este caracol.

Capítulo 2

Duras tortugas

Las tortugas han existido desde hace muchísimo tiempo. ¡Ya vivían en la época de los dinosaurios, hace millones de años! El caparazón ayudó a las tortugas a sobrevivir.

El caparazón de una tortuga tiene dos partes. La parte superior es el caparazón propiamente dicho. La parte de abajo es el **plastrón**.

Tanto el caparazón como el plastrón están unidos a las costillas y a la columna vertebral. Todo el caparazón está cubierto de **escamas** de **queratina**. Tus uñas también están hechas de queratina.

Un puente une el caparazón y el plastrón.

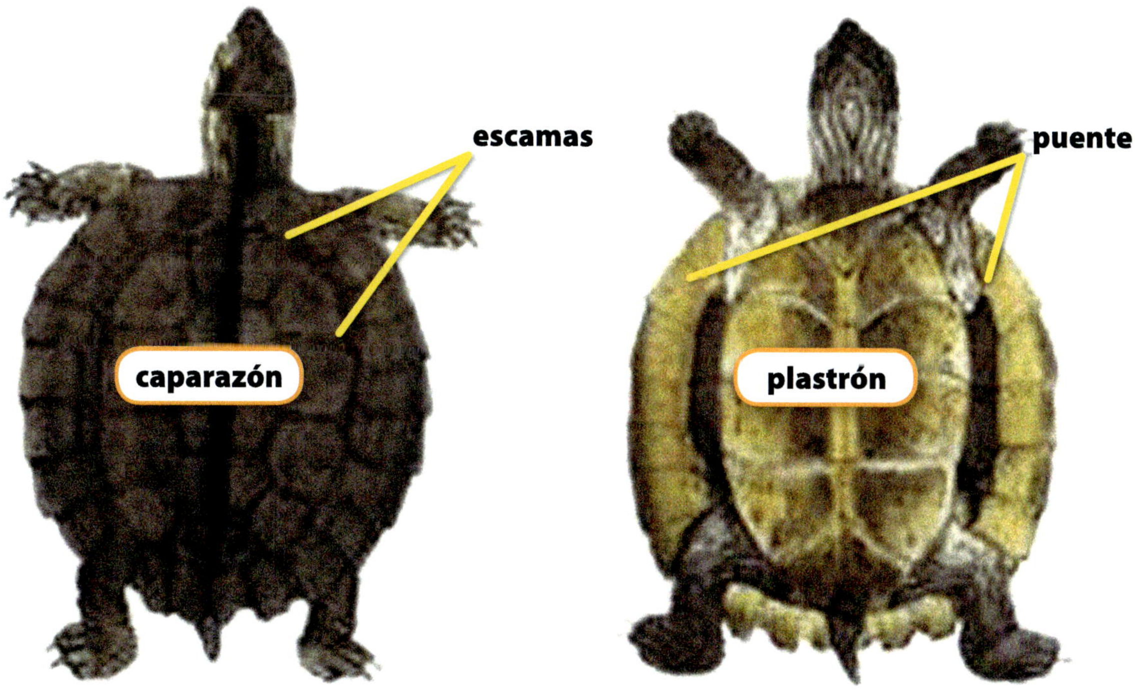

El caparazón de una tortuga suele tener dos capas. La capa interior está formada por trozos de hueso, las placas óseas. La capa exterior está hecha de un material duro y recibe el nombre de escudo.

Una tortuga puede sentir con el caparazón, a pesar de la dureza de éste.

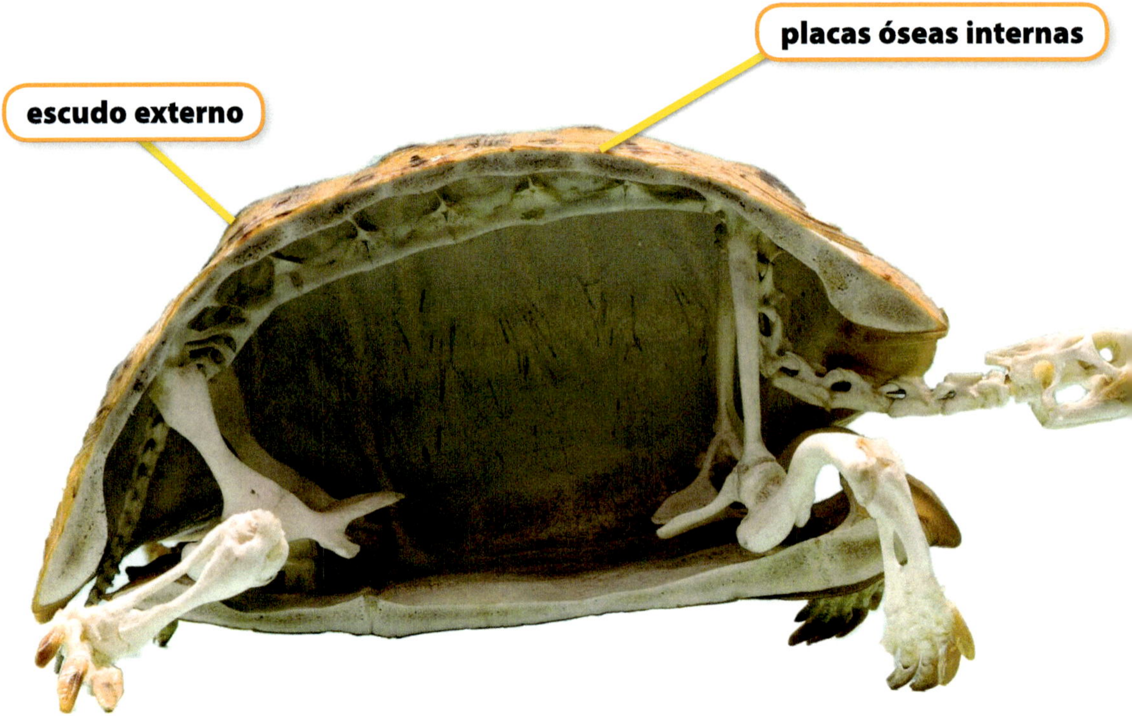

Cuando se sienten en peligro, las tortugas esconden la cabeza, la cola y las patas en el caparazón. A los depredadores les resulta difícil romper a mordiscos el duro caparazón de las tortugas.

Un cachorro de león mordisquea el caparazón de una tortuga.

Cada tipo de tortuga tiene un caparazón diferente. Las tortugas de agua dulce suelen tener caparazones planos, que les permiten moverse con facilidad en el agua. A los depredadores les resulta más difícil atrapar a un buen nadador.

Una tortuga pintada se sumerge con rapidez a la menor señal de peligro.

La mayoría de las tortugas que viven en el fondo de lagos y ríos tienen caparazones planos y redondeados, como una panqueca. Los huesos del caparazón están cubiertos por una piel dura. Estas tortugas pueden ocultarse fácilmente en el lodo.

¡Una tortuga grande de caparazón blando puede arrancarle un dedo de un mordisco a una persona! Esa tortuga tiene un pico muy afilado.

La tortuga laúd es la tortuga de mayor tamaño. Es también el mayor **reptil**. Una tortuga laúd puede superar los 7 pies (2 metros) de largo y pesar hasta 2,000 libras (900 kilogramos).

Unos científicos miden a una tortuga laúd que llegó a una playa a depositar sus huevos.

Su caparazón es diferente al de muchas otras tortugas. Se compone de cientos de pequeños huesos. En lugar de escamas, está cubierto de una piel correosa.

El caparazón de la tortuga laúd no es duro y rígido.

Para buscar comida, las tortugas laúd se sumergen a gran profundidad en el océano. El agua comprime su caparazón, que al tener más huesos puede doblarse con mayor facilidad. Como el caparazón no es rígido, el peso del agua no puede romperlo.

Unas crestas recorren la parte superior e inferior del caparazón de la tortuga laúd.

Quizá hayas visto un dibujo de una tortuga fuera de su caparazón. En realidad, las tortugas no pueden vivir fuera del caparazón. El caparazón está unido a sus huesos.

¡Sólo una tortuga de las tiras cómicas puede vivir fuera de su caparazón!

Capítulo 3

Protección para cangrejos

Los cangrejos viven en el mar y cerca del agua. Están emparentados con las langostas y los camarones. Pueden caminar hacia atrás, hacia adelante y de lado, y también pueden nadar.

Igual que las tortugas, los cangrejos tienen caparazón. A diferencia de las tortugas, el caparazón del cangrejo cubre todo el cuerpo del animal. Patas, ojos y aparato bucal tienen una envoltura rígida.

Un cangrejo puede necesitar un caparazón más grande si aumenta de tamaño. En ese caso, el cangrejo hace una **muda**. Abandona su caparazón viejo y produce uno nuevo y más grande. Al principio, ese caparazón es blando.

A los depredadores les resulta más fácil atacar a un cangrejo que acaba de mudar su caparazón.

Algunos cangrejos ermitaños viven en los caparazones vacíos de otros animales. A veces, los cangrejos ermitaños roban el caparazón de otro cangrejo. Un cangrejo ermitaño golpeará con una de sus pinzas en el caparazón de otro cangrejo. Cuando éste empieza a salir, el primer cangrejo lo agarra, lo saca ¡y ocupa el caparazón vacío!

Un cangrejo ermitaño trata de sacar a otro cangrejo de su caparazón.

Capítulo 4

Moluscos, mantos y minerales

Un molusco, como las almejas o los mejillones, comienza la vida en forma de una diminuta **larva** que puede nadar libremente en el agua.

La larva tiene un **tejido** externo llamado **manto**. El manto protege el corazón, el estómago y otras partes importantes del cuerpo del animal. El manto también protege al único pie del molusco.

Del manto van saliendo lentamente unos minerales que forman capas. Las capas se convierten en las dos valvas del caparazón. Una banda dura de tejido conecta las dos valvas. Ese tejido recibe el nombre de **ligamento**. El ligamento permite que el molusco abra y cierre sus valvas.

Muchos moluscos, como este mejillón, se posan en la arena o se agarran a rocas.

Los caparazones deben ser un buen lugar donde vivir. Las tortugas marinas tienen una vida muy larga: hasta 80 años. ¡Algunos moluscos pueden vivir más de 100 años!

Una tortuga terrestre sólo va al agua para beber o remojarse.

Glosario

depredadores: animales que cazan y devoran a otros animales

escamas: placas pequeñas, rígidas y planas que cubren el cuerpo de algunos animales, especialmente de los peces y los resptile

larva: forma inicial de un animal cuyo aspecto es completamente diferente al de sus padres, y que debe cambiar antes de que el animal se convierta en adulto

ligamento: banda de tejido duro que une dos partes del cuerpo

manto: pliegue exterior de la piel de un molusco, que produce un líquido del que se forman las valvas del animal

moluscos: grupo numeroso de animales que tienen el cuerpo blando, por lo general cubierto por valvas

muda: cambio del caparazón, el pelo, las plumas u otros recubrimientos del cuerpo

plastrón: parte inferior del caparazón de una tortuga

queratina: material principal del pelo, las uñas, las plumas y las pezuñas

reptil: animal de sangre fría que tiene la piel cubierta de escamas o placas óseas y pone huevos

tejido: capa de un tipo de células

Más información

Páginas web

Conchologists of America: Datos sobre conchas
www.conchologistsofamerica.org/kids/facts
Encuentra gran cantidad de datos interesantes y entretenidos sobre todo tipo de conchas.

Enchanted Learning: Moluscos
www.enchantedlearning.com/subjects/invertebrates/mollusk/Printouts.shtml
Visita los enlaces para aprender más cosas sobre los muchos tipos de moluscos y sus conchas.

World Almanac para niños
www.worldalmanacforkids.com
Aprende más cosas sobre las tortugas marinas y terrestres y sobre cómo sus caparazones contribuyen a la supervivencia de estos animales.

Nota de la editorial a los padres y educadores: Nuestros editores han revisado con cuidado las páginas web para asegurarse de que son apropiadas para niños. Sin embargo, muchas páginas web cambian con frecuencia, y no podemos garantizar que sus contenidos futuros sigan conservando nuestros elevados estándares de calidad y de interés educativo. Tengan en cuenta que los niños deben ser supervisados atentamente siempre que accedan a Internet.

Índice

Información sobre la autora

A Valerie Weber, que ha sido escritora y correctora durante más de veinticinco años, le gusta especialmente trabajar en libros para niños. Los temas de sus libros han sido siempre fascinantes: desde las extrañas maravillas del mar, o la vida de las niñas durante la Segunda Guerra Mundial, a la explicación de cómo se hace una película. Valerie desea expresar su gratitud a su familia, incluyendo a su esposo y sus hijas, y a sus amigos por su apoyo y por escuchar los datos curiosos que ha descubierto durante su trabajo. Por ejemplo, ¿sabían que las ranas usan los globos oculares para empujarse la comida hacia el estómago?